MATRIMONIOS BLINDADOS

A PRUEBA DE TODO - LA GUIA DEFINITIVA PARA UN AMOR INQUEBRANTABLE

SERIE DE MATRIMONIOS

EDNA L ISAAC

FRANCISCO J ISAAC

JDN Publications

INDICE

Página de Derechos

Matrimonios Blindados: A Prueba de Todo

La Guía Definitiva Para Un Amor Inquebrantable

ISBN: 978-1-938432-66-8 (Paperback)

ISBN: 978-1-938432-67-5 (Ebook)

Descargo de responsabilidad

JDN/EDUCATE Publishing es una plataforma de autopublicación. El contenido, las ideas y las opiniones expresadas en este libro son responsabilidad exclusiva del autor.

Este libro fue desarrollado con la asistencia de inteligencia artificial.

Impreso en los Estados Unidos de América.

Prefacio
Edna & Francisco

Hay libros que nacen de una idea, otros de una necesidad… y algunos, como este, nacen de un llamado. Matrimonios Blindados no surgió de la teoría, sino del camino recorrido, de las conversaciones sinceras, de las lágrimas que enseñan y de las victorias que celebramos. Nació de dos corazones que han decidido caminar juntos, aun cuando la vida ha presentado temporadas de luz y temporadas de sombra.

Como pareja, hemos descubierto que el matrimonio;
No se sostiene solo con amor, sino con intención.
No se fortalece solo con palabras bonitas,
Sino con decisiones diarias.
No se construye solo con emociones,
Sino con convicciones profundas.

Pero, sobre todo, hemos aprendido que cuando Dios es el fundamento, incluso lo que parecía quebrarse puede volver a levantarse con más fuerza.

Este libro no pretende presentarnos como expertos, sino como compañeros de camino. No escribimos desde la perfección, sino desde la honestidad. No ofrecemos fórmulas mágicas, sino principios eternos. No compartimos teorías, sino experiencias reales que han moldeado nuestra relación y nuestra fe.

Cada capítulo fue escrito con el deseo de que tú y tu pareja encuentren esperanza, dirección y herramientas prácticas para fortalecer su unión. Queremos que este libro sea un refugio, y un impulso. Un recordatorio de que el amor verdadero no es frágil: es resiliente, es valiente y, cuando se cultiva con propósito, puede ser inquebrantable.

Si estás leyendo estas líneas, no es casualidad. Creemos que Dios guía los tiempos y los encuentros. Y si este libro llegó a tus manos, es porque hay algo en tu matrimonio que Él desea fortalecer, restaurar o llevar a un nuevo nivel.

Gracias por permitirnos entrar en tu historia. Gracias por abrir tu corazón. Gracias por caminar con nosotros estas páginas.

Con amor y gratitud,
Edna L Isaac & Francisco J Isaac

PRÓLOGO

EDNA L ISAAC &
FRANCISCO J ISAAC

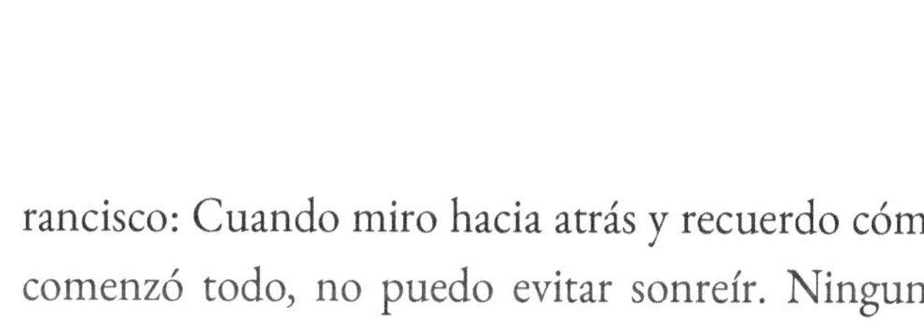

Francisco: Cuando miro hacia atrás y recuerdo cómo comenzó todo, no puedo evitar sonreír. Ninguno de los dos estaba buscando una relación, mucho menos un matrimonio. No estábamos sirviendo a Dios en ese momento, aunque veníamos de familias que sí lo hacían. Cada uno estaba lidiando con su propia historia, sus propias heridas, sus propias decisiones. Y, aun así, Dios ya estaba escribiendo algo que nosotros no veíamos.

Edna:

Yo estaba en una de las etapas más difíciles de mi vida espiritual. Una situación en la iglesia me había herido profundamente, al punto de decidir que nunca más regresaría. Estaba tan decepcionada de la Iglesia, de lo que representaba la "autoridad" de Dios, pero quien estaba disfrazado de oveja, pero quien era en realidad un lobo rapaz, que compré un pasaje para irme con la intención de alejarme de todo, incluso de los planes de Dios para mí, me aparté según yo hasta de Dios y me iba para siempre de Massachusetts para no volver. Sin embargo, de ese Dios de quien decidí apartarme, tenía algo planeado que no sabía. Esa noche, la noche antes de viajar, ocurrió algo que jamás imaginé.

Francisco:

Vivíamos en el mismo vecindario, pero nunca habíamos hablado. Yo la veía pasar y ella me veía cuando yo por la ventana la miraba, pero nada más. Hasta que, en el estacionamiento, esa noche antes de irse a PR, su cuñado me la presentó. Fue un encuentro breve, inesperado, casi accidental... pero marcado por un propósito que solo ahora entendemos.

Edna:

Al día siguiente me fui a Puerto Rico, convencida de que estaba cerrando un capítulo. Pero mientras yo intentaba huir, Dios estaba abriendo otro. Francisco buscó a mi mamá, le pidió mi número y mi dirección en Puerto Rico, y así comenzó una historia que ninguno de los dos vio venir.

Francisco:

Nos enamoramos por teléfono y por cartas. Cartas largas, sinceras, llenas de ilusión. Conversaciones que se extendían por horas. Sin darnos cuenta, Dios estaba usando la distancia para unirnos. Cada palabra escrita, cada llamada, cada silencio compartido fue construyendo algo real.

Edna:

Hasta que un día, sin miedo y con el corazón lleno de esperanza, decidí regresar a Massachusetts. Y lo que comenzó como un encuentro casual en el estacionamiento se convirtió en una historia de amor que desafió expectativas, opiniones y pronósticos.

Francisco:

Cuando anunciamos que nos casaríamos, no faltaron las voces que intentaron apagar nuestra alegría. "Les doy solo tres meses", me dijeron. "Esa muchacha no te conviene". "Eso no va a durar". Pero lo que ellos no sabían era que Dios ya había decidido otra cosa.

Edna:

Hoy, después de 34 años de matrimonio, podemos decir con certeza que el amor que nace bajo la mirada de Dios, aun cuando uno no lo está buscando, tiene una fuerza que el tiempo no destruye. Él nos regaló cuatro tesoros que son nuestra mayor bendición, y nos permitió ver cómo un matrimonio puede florecer incluso cuando comenzó en medio de incertidumbre.

Francisco:

Este libro nace de esa historia. De lo que hemos vivido, superado, aprendido y celebrado. No escribimos desde la perfección, sino desde la verdad. No escribimos para enseñar desde arriba, sino para caminar junto a cada pareja que desea fortalecer su relación.

Edna:

Si algo hemos aprendido es que un matrimonio blindado no es aquel que nunca enfrenta tormentas, sino aquel que decide permanecer unido en medio de ellas. Es un matrimonio que reconoce que Dios es el fundamento, aun cuando uno no lo entendía al principio.

Francisco:

Este prólogo es nuestra mano extendida hacia ti. Es nuestra forma de decirte que el amor verdadero existe, que la restauración es posible, y que Dios siempre tiene la última palabra.

Edna:

Gracias por permitirnos compartir nuestra historia. Que lo que Dios hizo y continúa con nosotros sea un recordatorio de lo que Él también puede hacer contigo.

Con amor,
Edna L. & Francisco J. Isaac

Introducción

Hay historias que comienzan con un encuentro... y otras que comienzan mucho antes, en el silencio donde Dios teje destinos sin que nadie lo note. La nuestra nació así: entre un reto o desafío que parecía un juego en medio de una conversación de amigos y una oración que nacía desde lo más profundo del alma.

Él, sin saberlo, llevaba años cargando en el corazón una frase que él mismo repetía con convicción juvenil, casi como un decreto personal. Se la decía a su mejor amigo, Rafael, entre risas, sueños y conversaciones de hombres: "Yo me voy a casar con una mujer puertorriqueña, rubia y de ojos azules." Era un dicho ligero, casi un desafío amistoso, pero que se quedó flotando en su memoria como un retrato sin nombre, como un deseo que parecía imposible y, sin embargo, insistía en quedarse.

Yo, en cambio, venía de un camino distinto. Mi adolescencia había sido un torbellino de rebeldía, heridas y búsquedas. Y aunque me había alejado de los planes de Dios por una decepción que me quebró el alma, todavía quedaba en mí una oración que no sabía morir:

"Señor, dame un hombre que sea diferente. Un hombre que no beba ni fume, que no sea mujeriego, de su casa, que sea buen padre y esposo. Un hombre que no repita la historia que destruyó mi hogar."

Porque el alcohol destruyó mi hogar y se llevó nuestra paz, y yo le pedía a Dios que no me permitiera repetir ese ciclo.

Mientras él soñaba sin saberlo, yo clamaba sin fuerzas. Mientras él imaginaba un futuro sin rostro, yo pedía un futuro sin dolor. Y aunque ninguno de los dos estaba sirviendo a Dios, en ese momento, Él ya estaba moviendo los hilos con la delicadeza de quien escribe poesía con vidas humanas.

La noche antes de tratar de huir de la presencia de Dios para ir a Puerto Rico —convencida de que jamás volvería a la iglesia ni a los planes de Dios— ocurrió lo inesperado. En el estacionamiento, mi cuñado nos presentó. Él era mi vecino, el hombre que yo había visto tantas veces por la ventana sin prestarle atención, por lo contrario, siempre decía que era antipático ese muchacho mirándome por la ventana siempre que salgo. Y, sin embargo, esa noche, algo invisible se movió.

Al día siguiente me fui. Pero mientras yo intentaba escapar, Dios estaba preparando un regreso. Francisco buscó a mi mamá, pidió mi número, mi dirección... y así comenzó un romance tejido entre llamadas largas y cartas que cruzaban el mar. Palabras que viajaban más rápido que el miedo. Sentimientos que crecían más fuerte que la distancia.

Yo no sabía que era la respuesta a unos dichos de su boca. Él no sabía que era la respuesta a una oración de mi corazón. Y, sin embargo, Dios sabía que ambos éramos la respuesta el uno para el otro.

Esta introducción no es solo el inicio de un libro. Es la prueba de que el amor, cuando es guiado por Dios, puede nacer en los lugares más inesperados. Es el recordatorio de que Él escucha aun cuando creemos que no estamos cerca. Es la evidencia de que una broma entre amigos y una súplica entre lágrimas pueden convertirse en una historia que hoy lleva 34 años de fidelidad, crecimiento y gracia.

Bienvenido a Matrimonios Blindados.
Bienvenido a la historia que Dios escribió
Cuando nosotros no estábamos mirando.
Bienvenido a la posibilidad de que
Él también está escribiendo la tuya.

Capítulo I

El Fundamento

Cuando Dios Se Convierte en el Centro

Todo matrimonio necesita un fundamento. Algunos se construyen sobre la emoción, otros sobre la compatibilidad, otros sobre la historia compartida. Pero con el tiempo, todos descubrimos que ninguna de esas bases es suficiente para sostener una vida entera. La emoción cambia, la compatibilidad fluctúa, y la historia —aunque hermosa— no siempre basta para enfrentar las tormentas. Cuando contraemos matrimonio nunca pensamos en los momentos difíciles que se podrían avecinar en nuestro nuevo hogar, sino que venimos con muchas ilusiones y expectativas irrealistas. Nosotros lo aprendimos en carne propia.

Cuando lo que enamora también puede herir

Después de casarnos, descubrimos algo que muchas parejas experimentan: las mismas cosas que te enamoran pueden convertirse en las que te frustran. A mí me atrajo de Francisco su seriedad, su responsabilidad, su estabilidad. Yo le había pedido a Dios un hombre que no bebiera, que no fumara, que no tuviera vicios, que fuera decente, de su casa, y que fuera un buen hijo... porque sabía que un buen hijo suele convertirse en un buen esposo y padre. Y él era exactamente eso.

Pero mientras yo soñaba con salir, bailar, socializar y disfrutar la vida, él era más de quedarse en casa, tranquilo, reservado. Y lo que al principio me parecía hermoso, luego comenzó a chocar con mis deseos. Y ese choque trajo conflictos.

Yo tenía un carácter fuerte, impulsivo, marcado por heridas del pasado. Él, aunque callado, también tenía su carácter. También venía de un patrón similar con un padre alcohólico y un hogar disfuncional. Ambos traíamos nuestros traumas arrastrándolos a un nuevo hogar, y sin darnos cuenta, comenzamos a vivir tensiones que no sabíamos manejar.

El día que casi nos rendimos

Hubo un sábado en particular que marcó un antes y un después. Una discusión terrible, de esas que desgarran, de esas que hacen temblar los cimientos. Mi más grande enojo era cuando él no me respondía, y eso encendía mi furia. En medio del enojo, le dije que el domingo iríamos a la iglesia —porque ya habíamos dicho que sí y yo era mujer de palabra— pero que después de eso él tomaría sus cosas y se iría con su madre, y yo con la mía, entregaríamos nuestro apartamento y todo se acabaría.

Ese era el final. Así lo había decidido. Así lo había declarado. Pero Dios tenía otros planes.

El día que Dios nos encontró

Llegamos a la iglesia con el corazón roto, cansados, heridos y sin esperanza. Yo no podía dejar de llorar durante todo el servicio. No era tristeza solamente... era su hermosa presencia que conocía muy bien, era un clamor profundo, un alma que sabía que estaba al borde de perder algo valioso, y el grito de mi espíritu diciéndome: esto es lo que necesitas, no puedes seguir sin Él.

Y cuando el pastor hizo el llamado, no sé cómo ocurrió... pero los dos nos encontramos al frente, entregándole nuestros corazones al Señor con lágrimas en los ojos.

Sin planearlo. Sin hablarlo.
Sin coordinarlo. Fue Dios. Solo Dios.

Ese día no solo salvó nuestra relación, nos salvó a nosotros. Ese día no estábamos pendientes de nosotros sino que su presencia nos cautivó y nos desenfocó de nosotros mismos para que pudiéramos mirarlo a él.

Cuando Dios entra, el proceso comienza

Desde ese momento comenzó un proceso de restauración que, aunque fue intenso, también resultó profundamente hermoso. Dos semanas después fue que recordé aquellas palabras necias que había dicho —eso de terminar y que cada uno siguiera por su lado— y hasta me dio risa. Dios no solo comenzó a transformar mi carácter —mi impulsividad, mi genio, mis heridas— sino también el de Francisco. Él, aunque callado, también tenía muchas áreas que sanar, emociones que aprender a expresar y fortalezas que desarrollar.

Dios no nos cambió de un día para otro. Nos tomó de la mano y comenzó a moldearnos. A suavizarnos. A unirnos. A enseñarnos a amar de verdad. Aún todavía seguimos aprendiendo, y Dios es nuestro mejor maestro, nuestro consejero por excelencia, nuestro terapeuta familiar.

El matrimonio como un barco con ancla

La vida matrimonial es como navegar en el mar. Hay días de calma, días de viento suave, días de tormenta y días en los que parece que el cielo se abre en dos. Pero un barco con ancla no se pierde, aunque el mar se agite.

Dios se convirtió en nuestra ancla.
En la voz que calma.

En la luz que guía.
En la fuerza que sostiene.
En la paz que restaura.

Y desde ese momento, nuestro matrimonio dejó de ser solo una unión emocional para convertirse en una unión espiritual. Y eso, es fundamental para que un matrimonio funcione de verdad. Es el secreto para que no vivamos de apariencias, sino de una felicidad genuina y profunda. Al final, ¿quién mejor que nuestro Creador para conocer las necesidades de ambos?

El fundamento que sostiene los pilares

En los próximos capítulos hablaremos del respeto, del amor y de la comunicación. Pero antes de llegar allí, necesitábamos establecer esto:

Sin Dios, los pilares se tambalean.
Con Dios, los pilares se fortalecen.

Él es la base que
Sostiene todo lo demás.
La raíz que alimenta.
La roca que no se mueve.

El fundamento que hace que un matrimonio no solo sobreviva... sino que perdure.

Capítulo II
¿Matrimonios Blindados? Lo Que Significa

El Poder de una Palabra: Blindado

La palabra *blindado* proviene del mundo de la protección física. Describe algo que ha sido reforzado, cubierto o fortalecido para resistir a ataques externos. Un objeto blindado no es simplemente fuerte: está diseñado para **soportar impactos, detener amenazas** y **preservar lo que guarda dentro**. Blindar implica intención, estrategia y propósito. Nada se blinda por accidente. Se blinda lo que es valioso, lo que debe ser preservado, lo que no puede quedar expuesto. Así también ocurre con el matrimonio.

De acuerdo a la Real Academia Española. (2024). *Blindar tiene el siguiente significado:*

Blindar:

Proteger exteriormente algo —especialmente con planchas metálicas u otros materiales resistentes— para resguardarlo contra balas, fuego u otros agentes dañinos. También puede usarse en sentido figurado para referirse a proteger o asegurar algo de manera firme.

Blindado:

Participio de *blindar*. Se refiere a aquello que ha sido protegido, reforzado o cubierto para resistir ataques o daños.

La Protección de un Vehículo Blindado: "La Bestia"

Un ejemplo claro y conocido es el vehículo presidencial de los Estados Unidos, popularmente llamado **"La Bestia"**. Este automóvil no es un carro común; es una fortaleza sobre ruedas.

Entre sus características más destacadas:

- **Capas múltiples de acero y materiales compuestos** capaces de resistir balas, explosiones y ataques químicos.
- **Cristales de varias pulgadas de grosor,** imposibles de penetrar con armas convencionales.

- **Sellado hermético**, que protege contra gases tóxicos.
- **Sistema de comunicación y defensa avanzado**, preparado para cualquier emergencia.
- **Neumáticos especiales**, que siguen funcionando incluso si son dañados.

¿Por Qué Tanto Esfuerzo?

Porque lo que transporta es **demasiado valioso** para dejarlo vulnerable.

La Bestia no evita que existan amenazas; simplemente **las neutraliza**. Su blindaje no elimina el peligro, pero sí impide que el peligro destruya lo que protege.

La Metáfora Espiritual: El Blindaje Divino

Cuando hablamos de *Matrimonios Blindados*, no nos referimos a matrimonios perfectos, sin conflictos o sin desafíos. Nos referimos a matrimonios **cubiertos por una protección superior**, una protección que no proviene del metal, sino del cielo.

La Biblia habla de esta protección como:

- Escudo
- Fortaleza
- Roca firme
- Muralla de fuego
- Armadura espiritual

Un matrimonio blindado es aquel que ha decidido colocarse bajo el diseño, la cobertura y la protección de Dios. No es un matrimonio que nunca enfrenta ataques, sino uno que **no se quiebra cuando llegan**.

¿Contra Qué Necesita Blindaje un Matrimonio?

Los ataques no siempre vienen en forma de balas o explosiones. En la vida real, los matrimonios enfrentan:

- Envidia
- Chismes y críticas
- Tentaciones
- Desgaste emocional
- Falta de comunicación
- Presiones económicas
- Ataques espirituales
- Heridas del pasado

Un matrimonio sin blindaje queda expuesto.
Un matrimonio blindado permanece firme.

La Capa Invisible que Todo lo Cambia

Así como La Bestia tiene capas de protección, un matrimonio blindado también desarrolla capas espirituales:

1. **La capa de la oración:** La oración no es un ritual; es un escudo. Es la conversación que fortalece, alinea y protege.

2. **La capa de la unidad:** La unidad es un blindaje poderoso. Donde hay división, hay vulnerabilidad. Donde hay acuerdo, hay fortaleza.

3. **La capa del perdón:** El perdón es una barrera contra el resentimiento, la amargura y la desconexión.

4. **La capa de la Palabra de Dios:** La Palabra es la estrategia, el manual de defensa, la guía que ilumina y protege.

5. **La capa del compromiso:** El compromiso es la decisión diaria de permanecer, construir y luchar juntos.

Blindaje no significa ausencia de ataques

La Bestia no existe porque no haya peligro.
Existe porque el peligro es real.

Del mismo modo, un matrimonio blindado no es ingenuo. Reconoce que hay fuerzas que desean destruir lo que Dios ha unido. Pero también reconoce que **la protección divina es más fuerte que cualquier ataque humano o espiritual**.

Blindados Para Permanecer

Un matrimonio blindado:

- No se rinde fácilmente.
- No se rompe ante la presión.

- No se deja intoxicar por voces externas.
- No se expone innecesariamente.
- No camina sin cobertura.

Un matrimonio blindado **permanece**, porque su fortaleza no depende de sus emociones, sino de su fundamento.

Blindar es Amar con Sabiduría

Blindar un matrimonio no es vivir con miedo, sino vivir con propósito. Es reconocer el valor de lo que Dios ha unido y protegerlo con intención. Así como un vehículo blindado protege a quien transporta, el blindaje espiritual protege el amor, la unidad, la paz y el propósito del matrimonio.

Un matrimonio blindado no es invencible por sí mismo.
*Es invencible porque **Dios Es Su Escudo**.*

Capítulo III

El Pilar del Respeto: El Lenguaje que Sostiene el Amor

El respeto es uno de los pilares más importantes —y a veces menos comprendidos— dentro del matrimonio. El amor puede encender la chispa, pero el respeto mantiene el fuego encendido. Sin respeto, el amor se desgasta. Sin respeto, la comunicación se rompe. Sin respeto, incluso los mejores momentos pierden su brillo.

- El respeto no es un sentimiento.
- Es una decisión.
- Es un lenguaje.
- El respeto comienza donde termina el orgullo
- Es una forma de honrar al otro aun cuando no estamos de acuerdo.

En los primeros años de nuestro matrimonio, descubrimos que el respeto no siempre se expresa de manera natural. Veníamos de historias distintas, de hogares distintos, de heridas distintas. Y cada uno tenía su manera de reaccionar, de defenderse, de hablar, de callar.

Yo tenía un carácter fuerte, impulsivo, reactivo. Francisco era más callado, pero también tenía su carácter, su forma de cerrarse, su manera de protegerse. Y cuando dos personas con temperamentos diferentes no saben cómo manejar sus emociones, el respeto puede verse afectado sin que uno se dé cuenta.

Aprendimos que el respeto no es ausencia de conflicto. Es la forma en que enfrentamos el conflicto. Respetar no es estar de acuerdo: es reconocer el valor del otro. El respeto se manifiesta en cosas simples:

- En cómo hablamos cuando estamos molestos.
- En cómo escuchamos cuando no entendemos.
- En cómo respondemos cuando nos sentimos heridos.
- En cómo tratamos al otro cuando nadie nos está mirando.

Respetar, es decir:

- "No pienso igual que tú, pero te valoro."
- "No entiendo lo que sientes, pero quiero escucharte."

- "No me gusta lo que pasó, pero no voy a destruirte con mis palabras."

El respeto es la forma más pura de amor maduro.
Cuando el respeto se pierde, el matrimonio se debilita

En nuestros primeros años, hubo momentos en los que el respeto se vio amenazado. No por falta de amor, sino por falta de herramientas. Cuando uno está herido, cansado o frustrado, es fácil reaccionar desde el impulso y no desde la intención.

Pero Dios comenzó a enseñarnos algo poderoso:
El respeto no nace del carácter... nace del Espíritu.

Cuando Él comenzó a transformar nuestras vidas, también comenzó a transformar nuestra manera de tratarnos. No fue automático. No fue perfecto. Pero sí fue real.

Aprendimos a:

- Bajar la voz cuando el corazón quería gritar.
- Escuchar antes de responder.
- Pensar antes de herir.
- Reconocer cuándo uno estaba equivocado.
- Pedir perdón sin excusas.

El respeto se convirtió en un puente que nos permitió cruzar juntos temporadas difíciles.

El respeto como protección emocional

El respeto crea un ambiente seguro. Un espacio donde ambos pueden ser vulnerables sin miedo. Un refugio donde el alma descansa.

Cuando una pareja se respeta:

- La confianza crece.
- La comunicación fluye.
- El amor madura.
- La intimidad se profundiza.

El respeto es como una cerca que protege el jardín del matrimonio. No impide que entren las tormentas, pero evita que destruyan lo que se ha sembrado.

Respetar es ver al otro como Dios lo ve

Dios comenzó a enseñarnos a vernos con Sus ojos. A reconocer el valor del otro más allá de los defectos. A honrar la obra que Él estaba haciendo en cada uno. Cuando aprendimos a vernos así, el respeto dejó de ser un esfuerzo y se convirtió en un fruto.

- Un fruto de la paciencia.
- Un fruto de la humildad.
- Un fruto del amor.
- Un fruto del Espíritu.

El respeto como pacto

El respeto no es algo que sientas todos los días.
Es algo que se decide todos los días.

Es decir:

- "Hoy elijo honrarte."
- "Hoy elijo escucharte."
- "Hoy elijo tratarte con dignidad."
- "Hoy elijo construir, no destruir."

Ese pacto silencioso, repetido día tras día, es lo que fortalece un matrimonio blindado.

Capítulo IV

El Pilar del Amor: La Decisión que Sostiene el Pacto

El amor es la palabra más mencionada en los matrimonios… y, paradójicamente, la menos comprendida. Muchos llegan al altar enamorados, ilusionados, llenos de emoción. Pero con el tiempo descubren que el amor no siempre se siente igual, no siempre luce igual, no siempre responde igual.

El amor es hermoso, sí. Pero también es trabajo. Es entrega. Es madurez. Es pacto. Nosotros lo aprendimos no en los días fáciles, sino en los días donde amar parecía más un acto de fe que un sentimiento. El amor que comienza con emoción, pero se sostiene con intención

Cuando nos conocimos, la emoción era intensa. Todo era nuevo, bonito, emocionante. Pero después del matrimonio, la vida real comenzó a mostrarse. Las diferencias, los ritmos distintos, los temperamentos, las expectativas... todo eso comenzó a revelar que el amor no es solo lo que uno siente, sino lo que uno decide.

- El amor inmaduro dice:
    - "Te amo porque me haces sentir bien."
- El amor maduro dice:
    - "Te amo porque te elegí y te sigo eligiendo."

El Amor Como Proceso, No Como Destino

El amor no llega completo. Se construye. Se pule. Se madura. Hay temporadas donde el amor se siente fuerte, vibrante y apasionado. Y hay otras donde se siente frágil, cansado o silencioso. Pero en ambas, el amor sigue siendo amor cuando se sostiene con intención.

Es vital comprender que llegarán temporadas de **sequía emocional**, momentos donde aquello que antes nos apasionaba ya no despierta el mismo interés. En esos tiempos, muchas parejas caen en la trampa de los pensamientos negativos y en las mentiras que el enemigo susurra, haciéndoles creer que "el amor se acabó". Pero no es así. El amor no muere de repente; simplemente se marchita cuando deja de ser cuidado. Igual que una planta que se seca por falta de atención, basta con volver a nutrirla para verla florecer otra vez.

Sin embargo, hay parejas que ya no desean volver a florecer porque han sido seducidas por alguien más o por alguna tentación. En vez de huir del peligro, corren hacia él. En vez de reconectar con su pareja, comienzan a conectar con lo ajeno. Y así, sin darse cuenta, entregan el corazón a lo que nunca debió tener acceso.

Cuando estos momentos de sequedad emocional llegan al matrimonio, es crucial **volver a enamorarse**, regresar al romanticismo que un día encendió la chispa, cuidarse mutuamente, abrir el corazón con sinceridad y comunicarse con intención. No es tiempo de separarse diciendo "ya no hay amor"; es tiempo de reencontrarse en el mismo lugar donde se desconectaron y volver a elegirse.

*En un **matrimonio blindado**, El tiempo no separa; une.*
No desgasta; fortalece. No apaga; profundiza.

Mientras más pasan los años, más aprendemos a comprendernos, a ajustarnos, a caminar al mismo ritmo. Aunque las diferencias afloren, el amor no muere: **se perfecciona**, especialmente cuando Dios es la base del matrimonio. Aprendemos a amar como Cristo ama a la Iglesia, tal como enseña la Escritura:

"Maridos, amad a vuestras mujeres, así como
Cristo amó a la iglesia, y se entregó a sí
mismo por ella." Efesios 5:25

Ese es el modelo. Cristo sabía que la Iglesia fallaría, que sería rebelde, que cometería errores... y aun así **se entregó**. Ese es el amor que transforma, que sostiene, que restaura.

A lo largo de estos 34 años hemos aprendido, y seguiremos aprendiendo, hasta que la muerte nos separe. Porque el amor verdadero no se estanca: crece, madura y se renueva cuando Dios es quien lo guía.

Aprendimos que:

- El amor crece cuando se cuida.
- El amor sana cuando se perdona.
- El amor se fortalece cuando se comunica.
- El amor se profundiza cuando se sirve.

El amor no es un destino al que se llega, sino un camino que se recorre.

El amor que confronta, pero también transforma

El amor verdadero no solo abraza lo bonito.
También confronta lo que necesita cambiar.

En nuestro matrimonio, hubo momentos donde el amor nos llevó a ver áreas que necesitaban ser transformadas. Mi carácter fuerte, mis heridas, mis expectativas. Su silencio, su forma de procesar, su manera de protegerse. El amor nos confrontó... pero no para destruirnos, sino para transformarnos.

El amor que viene de Dios no humilla. No aplasta. No exige perfección. El amor que viene de Dios moldea. *Suaviza. Restaura. Une.*

El amor como refugio en tiempos difíciles

Hay días donde el amor es celebración. Y hay días donde el amor es resistencia. En los momentos donde casi nos rendimos, el amor —sostenido por Dios— se convirtió en refugio. No porque todo estuviera bien, sino porque decidimos permanecer. Decidimos luchar. Decidimos creer que lo que Dios había unido tenía propósito.

El amor no evita las tormentas.
Pero sí evita que el matrimonio se hunda.

El amor que sirve, honra y edifica

El amor no se demuestra solo con palabras bonitas.
Se demuestra con acciones constantes.

- En cómo cuidamos al otro cuando está cansado.
- En cómo apoyamos sus sueños.
- En cómo hablamos del otro cuando no está presente.
- En cómo elegimos construir y no destruir.

El amor que sirve es el amor que permanece.

El amor como pacto, no como emoción pasajera

- El amor emocional sube y baja.
  - El amor espiritual permanece.
- El amor emocional se ofende rápido.
  - El amor espiritual perdona.
- El amor emocional exige.
  - El amor espiritual entrega.
- El amor emocional se rinde.
  - El amor espiritual resiste.
- El amor emocional busca lo suyo.
  - El amor espiritual busca el bien del otro.
- El amor emocional depende del momento.
  - El amor espiritual depende del pacto.

El amor que Dios enseña

Cuando Dios entró en nuestro matrimonio, también entró en nuestra manera de amar. Él nos enseñó que el amor no es solo un sentimiento, sino fruto del Espíritu. Un fruto que crece con paciencia, con humildad, y con gracia.

El amor que viene de Dios:

- No se rinde.
- No se apaga.
- No se cansa.
- No se pierde.
- No se olvida del pacto.

Ese es el amor que ha sostenido nuestros 34 años juntos. Ese es el amor que puede sostener el tuyo también.

Cuando el Amor se Vive, No Solo se Recita

Hay un pasaje bíblico que todos conocemos, uno que escuchamos en bodas, aniversarios y noviazgos. Un pasaje tan hermoso que se ha convertido casi en una poesía universal del amor. Pablo escribe que

> ...el amor es paciente, es bondadoso; no se irrita, no guarda rencor, no busca lo suyo, no se alegra de la injusticia, todo lo cree, todo lo espera, todo lo soporta (1 Cor. 13).

Lo hemos escuchado tantas veces que, sin darnos cuenta, lo repetimos de memoria... pero no siempre lo vivimos.

Lo citamos en ceremonias, lo imprimimos en tarjetas, lo colgamos en cuadros decorativos, pero ¿qué pasaría si lo aplicáramos en la vida diaria?

¿Qué pasaría si ese amor que "todo lo sufre, todo lo cree, todo lo espera y todo lo soporta" se convirtiera en nuestra práctica cotidiana y no solo en un ideal romántico?

Entonces sí cobraría vida. Entonces sí transformaría matrimonios. Entonces sí seríamos parejas más fieles, más comprensivas, más pacientes, más maduras.

Porque este pasaje no fue escrito para adornar bodas;
*Fue escrito para **guiar la vida**.*

Para enseñarnos cómo amar cuando no es fácil.
Cómo permanecer cuando la emoción se apaga.
Cómo perdonar cuando duele.
Cómo elegir la unidad cuando
el orgullo quiere dividir.

Si cada pareja viviera este amor —no el amor de las películas, sino el amor que Dios describe— seríamos matrimonios más fuertes, más estables, más blindados.

Seríamos matrimonios donde la fidelidad no es una carga, sino un fruto natural del carácter de Cristo en nosotros.

Ese es el amor que sostiene.
Ese es el amor que madura.
Ese es el amor que permanece.
Ese es el amor que Dios soñó para nosotros.

Capítulo V

El Pilar de la Comunicación: El Puente que Une Corazones

La comunicación es el alma del matrimonio. Es el puente que conecta dos mundos, dos historias, dos temperamentos, dos formas de sentir. Cuando la comunicación fluye, el amor respira. Cuando la comunicación se rompe, el matrimonio se asfixia. Aprendimos que hablar no es lo mismo que comunicar. Y escuchar no es lo mismo que oír. La comunicación verdadera requiere humildad, paciencia, intención y gracia. En el matrimonio vamos a encontrar dos formas distintas de expresar, un mismo deseo de ser entendidos. Desde el principio, nuestras formas de comunicarnos eran muy diferentes. Yo era expresiva, intensa, emocional. Francisco era reservado, silencioso, reflexivo. Yo quería hablarlo todo en el momento. Él necesitaba procesar antes de responder. Y esas diferencias, si no se entienden, pueden convertirse en choques. No porque falte amor, sino porque falta comprensión.

La comunicación no se trata de quién tiene la razón, sino de cómo construimos un espacio seguro para que ambos puedan expresarse sin miedo.

El peligro de hablar desde la herida y no desde el corazón

En nuestros primeros años, muchas conversaciones se convertían en discusiones porque hablábamos desde la herida, no desde la intención. Yo reaccionaba rápido. Él se cerraba rápido. Y en ese ciclo, ambos terminábamos sintiéndonos incomprendidos.

Dios comenzó a enseñarnos algo profundo:

- Las palabras pueden sanar o pueden herir.
- Pueden construir o pueden destruir.
- Pueden unir o pueden separar.

La comunicación madura no nace del impulso, sino del Espíritu.

Aprender a escuchar: el acto más amoroso de todos

Escuchar es un acto de amor, humildad, y entrega.

Escuchar no es esperar tu turno para hablar.
Escuchar es abrir el corazón para entender.

Aprendamos a:

- Escuchar sin interrumpir.
- Escuchar sin defendernos.
- Escuchar sin asumir.
- Escuchar sin preparar una respuesta mientras el otro habla.

Cuando uno escucha con el corazón, el otro se siente visto, valorado y amado.

Hablar con verdad, pero también con gracia

La verdad sin gracia hiere.
La gracia sin verdad confunde.
El matrimonio necesita ambas.

Cuando tenemos a Dios en nuestros matrimonios como base fundamental para nuestro amor y comunicación, Él comienza a enseñarnos a hablar con:

- Ternura en lugar de dureza.
- Claridad en lugar de confusión.
- Honestidad en lugar de silencio.
- Respeto en lugar de reacción.

Las palabras suaves no son débiles.

- Son sabias.
- Son maduras.
- Son espirituales.

La comunicación como herramienta de sanidad

Cuando aprendimos a comunicarnos mejor, también comenzamos a sanar.

- Sanar heridas antiguas.
- Sanar expectativas no habladas.
- Sanar temores escondidos.
- Sanar patrones aprendidos.

La comunicación abrió puertas que estaban cerradas. Nos permitió vernos con más compasión. Nos ayudó a entendernos más allá de las palabras.

La oración: la comunicación que transforma todo

La comunicación más poderosa no fue entre nosotros...fue con Dios. Cuando comenzamos a orar juntos, algo cambió. La atmósfera cambió. El tono cambió. La intención cambió.

La oración nos enseñó a:

- Hablar con más amor.

- Escuchar con más paciencia.
- Responder con más sabiduría.
- Perdonar con más gracia.

La oración no solo une manos. Une corazones. Une propósitos. Une almas.

La comunicación como pacto diario

La comunicación no es un evento. Es un hábito. Una disciplina. Una decisión diaria.

Es decir:

> *"Hoy elijo escucharte."*
> *"Hoy elijo hablar con amor."*
> *"Hoy elijo construir, no destruir."*
> *"Hoy elijo entender, no reaccionar."*

Cuando la comunicación se convierte en un pacto, el matrimonio se vuelve más fuerte, más profundo y unido.

Capítulo VI
Sanar lo que Traemos del Pasado: Rompiendo Ciclos, Abrazando Libertad

Todos llegamos al matrimonio con una historia. Con recuerdos que nos formaron. Con heridas que nos marcaron. Con patrones que aprendimos sin querer. Con temores que no siempre sabemos nombrar. El pasado no desaparece cuando uno dice "sí, acepto". El pasado viaja con nosotros. Y si no lo enfrentamos, puede convertirse en un peso que afecta la relación. Nosotros lo vivimos así.

El pasado que no se sana, se repite

Yo venía de un hogar donde el alcohol marcó mi infancia. Amo profundamente a mi padre, pero también vi cómo su adicción destruyó nuestra paz, nuestra estabilidad y nuestra seguridad emocional. Esa herida dejó una marca en mí. Por eso, desde joven, yo le pedía a Dios un hombre diferente. Un hombre sin vicios. Un hombre que no repitiera la historia que yo había vivido.

Francisco, por su parte, venía de un hogar donde también el alcohol destruyó su hogar. A pesar de eso, él era un excelente hijo, y yo sabía que eso lo convertiría en un excelente esposo y padre. Pero también traía su propio silencio, su forma de procesar, su manera de protegerse emocionalmente.

Ambos llegamos al matrimonio con equipaje. Equipaje que no sabíamos que estaba allí. Equipaje que comenzó a manifestarse en nuestras reacciones, en nuestros miedos, en nuestras expectativas.

Cuando el pasado comienza a hablar más fuerte que el presente

En los primeros años, hubo momentos donde mis heridas hablaban más fuerte que mi corazón. Mi carácter fuerte, mi impulsividad, mi necesidad de sentirme segura... todo eso venía de un pasado que aún no había sanado.

Francisco, aunque callado, también tenía su historia. Su forma de cerrarse, de evitar el conflicto, de guardar silencio... eran mecanismos aprendidos para protegerse.

Y cuando dos historias no sanadas se encuentran, el

matrimonio se convierte en un campo donde el pasado intenta tomar control.

Pero Dios tenía otros planes.

El día que Dios tocó nuestras raíces

El día que casi nos separamos —aquel domingo donde fuimos a la iglesia "por compromiso"— fue el día en que Dios comenzó a sanar nuestras raíces. No solo salvó nuestro matrimonio. Salvó nuestras historias.

En ese altar, con lágrimas en los ojos, Dios comenzó a:

- Sanar mis heridas de la infancia.
- Suavizar mi carácter.
- Romper patrones de dolor.
- Restaurar mi identidad.

Y también comenzó a:

- Abrir el corazón de Francisco.
- Enseñarle a expresar lo que sentía.
- Sanar su silencio.
- Transformar su manera de amar.

Dios no solo restauró nuestro presente. Restauró nuestro pasado. Y preparó nuestro futuro.

Sanar no es olvidar: es transformar

Sanar no significa que el pasado desaparezca.
Sanar significa que el pasado deja de gobernar.

Sanar es:

- Recordar sin dolor.
- Mirar atrás sin miedo.
- Reconocer lo vivido sin repetirlo.
- Agradecer lo aprendido sin cargarlo como peso.

Sanar es permitir que Dios entre en los lugares donde nadie más pudo entrar.

El matrimonio como un taller de restauración

El matrimonio no es un museo donde todo debe verse perfecto. Es un taller donde Dios trabaja con dos vidas a la vez.

En ese taller:

- Él lima asperezas.
- Él pule heridas.
- Él fortalece lo débil.
- Él une lo que estaba roto.

Y lo hace con paciencia.
Con amor. Con gracia. Con propósito.

Romper ciclos para construir legado

Sanar el pasado no es solo para nosotros. Es para las generaciones que vienen detrás. Cuando Dios sanó nuestras raíces, también sanó nuestra descendencia. Hoy damos gracias a Dios que nuestros hijos crecieron en un hogar diferente al que nosotros vivimos.

Un hogar donde el amor no se gritaba, se demostraba.
Un hogar donde el respeto no se exigía, se modelaba.
Un hogar donde la fe no era tradición era vida.

Sanar el pasado es un acto de amor hacia el futuro.

Capítulo VII

La Fidelidad — El Pacto Invisible que Sostiene un Matrimonio Blindado

La Fidelidad: Un Valor Antiguo en Una Cultura que la Ha Normalizado

Vivimos en una generación que ha redefinido el matrimonio y ha distorsionado su propósito. Lo que antes se consideraba sagrado, hoy se trata como opcional. Lo que antes se defendía con honor, hoy se relativiza con excusas. Y lo más alarmante: **hemos modernizado la infidelidad**, convirtiéndola en algo común, aceptable, incluso "comprensible".

Series, películas, redes sociales y conversaciones cotidianas han normalizado la traición como si fuera parte inevitable de la vida adulta. Pero la infidelidad no es moderna; es destructiva. No es liberadora; es devastadora. No es un error pequeño; es una herida profunda que puede marcar el alma para toda la vida.

La infidelidad es una de las armas más letales contra el matrimonio. Y por eso, en un **matrimonio blindado**, la fidelidad no es negociable.

El Dolor de la Traición: Una Herida que Solo Dios Puede Sanar

La traición no solo rompe un pacto; rompe el corazón. La infidelidad no solo hiere la confianza; hiere la identidad. Quien ha sido traicionado describe el dolor como:

- Un vacío en el pecho
- Una pérdida de valor personal
- Una confusión emocional profunda
- Una mezcla de ira, tristeza y vergüenza
- Una sensación de que "algo murió por dentro"

Y es cierto: algo muere. Muere la inocencia. Muere la seguridad. Muere la imagen del "nosotros". Pero también es cierto que **Dios puede resucitar lo que la traición mató**. Cuando la herida se entrega a Él, cuando se permite que su amor sane, restaure y reconstruya, el matrimonio puede levantarse más fuerte que antes. No por mérito humano, sino por gracia divina.

. . .

La Fidelidad Como Blindaje Espiritual

Un matrimonio blindado no es un matrimonio perfecto; es un matrimonio protegido. Y uno de los blindajes más poderosos es la fidelidad. La fidelidad no es solo evitar la traición; es cultivar un espíritu de lealtad.

* Es una postura del corazón.
* Es una decisión diaria.
* Es un compromiso interno que se refleja externamente.
* La fidelidad es un muro que protege el amor.
* La infidelidad es una grieta que lo expone al enemigo.

El Pacto con los Ojos: La Sabiduría de Job

Job entendía algo que muchos matrimonios hoy han olvidado: la fidelidad comienza en el corazón, pero se protege con los ojos. Él declaró:

> *"Hice pacto con mis ojos; ¿cómo, pues,*
> *había yo de mirar a una virgen?"*
> **Job 31:1**

Este versículo no habla solo de evitar mirar con deseo. Habla de **disciplina interna**, de **límites personales**, de **intención espiritual**. Job sabía que la infidelidad no comienza en la cama; comienza en la mirada.

- Comienza en la imaginación.
- Comienza en la conversación equivocada.
- Comienza en el mensaje que nunca debió enviarse.
- Comienza en el "solo somos amigos".
- Comienza en el "no es para tanto".

Por eso, un matrimonio blindado hace pactos:

- Pacto con los ojos
- Pacto con los pensamientos
- Pacto con las palabras
- Pacto con las acciones
- Pacto con el corazón

Cómo Desarrollar un Espíritu de Lealtad en el Matrimonio

La lealtad no es un sentimiento; es una práctica.

Y como toda práctica, se desarrolla con intención.

1. **Transparencia radical**
   - La transparencia no es control; es protección.
   - Compartir contraseñas, calendarios, amistades y conversaciones no es falta de privacidad; es un acto de confianza.
2. **Límites claros con el sexo opuesto**
   - No se trata de miedo, sino de sabiduría.
   - Lo que se cuida, se protege.
3. **Nutrir la conexión emocional**

- ○ La mayoría de las infidelidades comienzan cuando la conexión emocional se debilita.
- ○ Un matrimonio blindado invierte tiempo, escucha, afecto y presencia.

4. **Cuidar la vida espiritual**
   - ○ La fidelidad es más fuerte cuando el espíritu está fuerte.
   - ○ La oración, la Palabra y la comunión con Dios fortalecen la voluntad y purifican las intenciones.

5. **Elegir a tu pareja todos los días**
   - ○ La fidelidad no es una promesa del pasado; es una decisión del presente.
   - ○ Es decir: "Te elijo hoy, aunque el mundo me ofrezca mil distracciones".

La Infidelidad No Tiene la Última Palabra

Aunque la infidelidad destruye, **no determina el final**. Dios puede restaurar lo que fue quebrado. Puede sanar lo que fue herido. Puede reconstruir lo que fue derribado.

Pero la restauración requiere:

- Arrepentimiento genuino
- Perdón profundo
- Tiempo
- Humildad
- Sanidad emocional
- Y sobre todo, la intervención de Dios

Un matrimonio blindado no es un matrimonio que nunca ha sido atacado. Es un matrimonio que ha decidido no rendirse, no exponerse y no dejar de luchar.

La Fidelidad Como Sello de un Matrimonio Blindado

La fidelidad es más que un valor moral; es un arma espiritual. Es un escudo contra la destrucción. Es una declaración de amor. Es un pacto que honra a Dios y protege el hogar. En una cultura que celebra la infidelidad, un matrimonio blindado decide caminar a contracorriente. *Decide ser fiel. Decide ser leal. Decide ser íntegro. Decide ser uno.*

Capítulo VIII

Intimidad Emocional y Sexual: El Arte de Conectarse en Cuerpo y Alma

La intimidad es mucho más que cercanía física. Es conexión. Es vulnerabilidad. Es confianza. Es entrega. Es el lenguaje silencioso donde dos almas se encuentran sin máscaras. Un matrimonio puede convivir sin intimidad, pero no puede florecer sin ella. La intimidad es el pulso del amor. El espacio donde el corazón descansa y el alma respira.

La intimidad emocional: el puente antes del encuentro físico

Antes de que exista intimidad sexual, debe existir intimidad emocional. La intimidad emocional es la capacidad de:

- Abrirse sin miedo
- Compartir sin reservas
- Ser uno mismo sin temor a ser juzgado
- Mostrar fragilidad sin sentir vergüenza
- Confiar plenamente en el corazón del otro

La intimidad emocional se construye con:

- Conversaciones profundas
- Miradas que escuchan
- Gestos que abrazan
- Palabras que sanan
- Presencia que sostiene

Cuando una pareja se siente emocionalmente conectada, la intimidad física fluye con más naturalidad, más ternura y más propósito.

La intimidad sexual: un regalo divino, no un tabú

La intimidad sexual no es un acto mecánico. Es un acto espiritual. Es un pacto renovado. Es un lenguaje que Dios diseñó para unir, no para dividir. La sexualidad dentro del matrimonio es:

- Sagrada

- Hermosa
- Sana
- Restauradora
- Profunda

Pero también puede ser un área vulnerable cuando hay heridas, silencios, temores o expectativas no habladas. Es muy importante que en los primeros años, las parejas jóvenes, deben aprender a conocerse, a entenderse, y a comunicarse incluso en esta área. La intimidad no se perfecciona en un día. Es un proceso. Un aprendizaje. Un descubrimiento mutuo.

Cuando las diferencias se encuentran

Cada persona tiene su propio ritmo, su propio lenguaje, su propia forma de expresar deseo y afecto. Y esas diferencias pueden generar distancia si no se hablan con amor.

La intimidad se afecta cuando:

- Hay estrés
- Hay cansancio
- Hay heridas no sanadas
- Hay falta de comunicación
- Hay inseguridades
- Hay expectativas no expresadas

Pero también se fortalece cuando:

- Hay ternura
- Hay paciencia
- Hay comprensión
- Hay tiempo de calidad
- Hay conexión emocional
- Hay respeto mutuo

La intimidad no es solo un encuentro físico. Es un encuentro emocional, espiritual y mental.

La sanidad emocional transforma la intimidad física

Cuando Dios comienza a sanar emocionalmente nuestras vidas, también comienza a sanar nuestra intimidad, incluyendo la intimidad sexual, porque la intimidad sexual refleja el estado del corazón.

- Un corazón herido se cierra.
- Un corazón inseguro se esconde.
- Un corazón cansado se distancia.
- Un corazón amado se entrega.

La sanidad emocional abre puertas que el cuerpo reconoce. La restauración espiritual crea un ambiente donde la intimidad florece.

La intimidad como acto de amor, no de obligación

La intimidad nunca debe sentirse como presión, exigencia o deber.

- Debe sentirse como un regalo.
- Un encuentro voluntario.
- Un espacio seguro.
- Un acto de amor mutuo.

La intimidad madura es:

- Consentida
- Respetada
- Cuidada
- Honrada
- Celebrada

Hay muchas parejas que sufren en silencio porque enfrentan dificultades en su intimidad sexual y no se atreven a hablar de ello. Si este es su caso, los animamos a buscar un consejero matrimonial. Siempre recomendamos acudir a un profesional cristiano, porque no solo abordará el tema desde lo psicológico o fisiológico, sino también desde lo espiritual. Muchos problemas pueden resolverse de manera sencilla, pero por temor, vergüenza o inseguridad, las parejas prolongan el sufrimiento... hasta que, en ocasiones, cuando finalmente buscan ayuda, ya han pasado por demasiado dolor y en muchos casos hasta la separación o el fracaso de su matrimonio. Cuando ambos se sienten valorados, la intimidad se convierte en un refugio, no en una carga.

La conexión espiritual: el nivel más profundo de intimidad

La intimidad más profunda no ocurre en el cuerpo. Ocurre en el espíritu. Cuando una pareja ora junta, se perdona, se escucha, se honra y se ama con intención, la intimidad sexual se convierte en una extensión natural de esa unión espiritual, la cual también se disfruta y trae satisfacción a ambos.

Dios diseñó la intimidad para:

- Unir
- Fortalecer
- Restaurar
- Encender
- Proteger

La intimidad espiritual crea un lazo que el tiempo no rompe.

La intimidad como celebración del pacto

La intimidad es una forma de decir:

- "Te elijo."
- "Te deseo."
- "Te honro."
- "Te pertenezco en amor, no en control."
- "Somos uno."

La intimidad conyugal es la celebración silenciosa del pacto que dos personas hicieron ante Dios. Es la expresión más profunda de un amor que se entrega sin reservas, un lenguaje sagrado donde el cuerpo confirma lo que el alma ya decidió: *"Te elijo, te honro y te pertenezco en amor."*

Dios fue quien originó este regalo, y Él se agrada cuando en un matrimonio esta área es cuidada, valorada y protegida. La Escritura es clara: el diseño divino para la intimidad no se limita a la procreación; también incluye el disfrute mutuo, la unidad emocional y la conexión espiritual. Basta leer Cantares para entender que Dios celebra el deleite, la ternura y el gozo entre esposos.

La intimidad es un acto de pacto, no solo de pasión. Es un espacio donde el amor se hace visible, donde la vulnerabilidad se vuelve fortaleza y donde el compromiso se renueva sin palabras.

Pero es importante recordar que el amor no se "hace"; el amor se vive. No comienza en la cama ni se limita a la noche. Comienza desde que abrimos los ojos: en la primera palabra que nos decimos, en la manera en que nos tratamos, en cómo nos escuchamos, nos honramos y nos respetamos. La verdadera intimidad se construye en los pequeños gestos diarios, en la paciencia, en la consideración, en la ternura cotidiana.

El error de muchos es reducir "hacer el amor" a un acto físico. Sin embargo, el amor sexual no nace en la cama; nace en el alma. Es el fruto de un vínculo emocional sano, de una comunicación abierta, de un respeto mutuo y de un corazón que busca el bienestar del otro. Cuando el alma está conectada, el cuerpo simplemente sigue su ritmo natural.

Desde una perspectiva bíblica, la intimidad es un reflejo del misterio de unidad que Dios diseñó: *"Y serán una sola carne."* Esa unidad no es solo física; es emocional, espiritual y relacional. Por eso, cuando un matrimonio cuida esta área con intención, honra a Dios, fortalece su pacto y experimenta una plenitud que trasciende lo superficial.

CAPÍTULO IX
MANEJO DEL ESTRÉS, EL DINERO Y LAS RESPONSABILIDADES: SER EQUIPO EN TODO TIEMPO

La Vida Real También Ama, Pero También Pesa

El matrimonio no se vive en un vacío. No se vive en un cuento de hadas. No se vive en un escenario perfecto. El matrimonio se vive **en la vida real**. En las presiones. En las cuentas. En los horarios. En las responsabilidades. En los días donde el cansancio pesa más que las palabras. En las temporadas donde la rutina aprieta, la agenda se llena y el corazón se agota. Y si una pareja no aprende a manejar estas áreas como equipo, el amor —por más fuerte que sea— puede sentirse pequeño frente a la carga diaria.

Nosotros lo aprendimos paso a paso, con tropiezos, con conversaciones difíciles y, sobre todo, con la guía de Dios. Porque un matrimonio blindado no se construye en los días fáciles, sino en los días donde ambos deciden luchar juntos.

El Estrés: El Enemigo Silencioso del Matrimonio

El estrés no grita, pero desgasta. No golpea, pero agrieta. No destruye de golpe, pero erosiona poco a poco. El estrés puede venir de:

- El trabajo
- Las finanzas
- La crianza
- La salud
- La familia
- Las expectativas
- Las responsabilidades acumuladas

Y cuando el estrés entra al corazón, entra también al matrimonio.

Hubo temporadas donde el cansancio emocional nos hacía más sensibles, más reactivos, más vulnerables. No porque faltara amor, sino porque faltaba descanso, comunicación y apoyo mutuo. Aprendimos que el estrés no se vence solo.

Se vence en equipo.

Aprendimos que en el matrimonio no somos competencia, somos complementos. Yo lo complemento a él, y él me complementa a mí. Cuando dejamos de competir y comenzamos a colaborar, la carga se hace más liviana y las metas se vuelven alcanzables.

Ser Refugio, No Presión

En un matrimonio saludable, cada uno se convierte en refugio para el otro. No en carga. No en competencia. No en juez. Ser refugio es:

- Preguntar: "¿Cómo te sientes?"
- Notar cuando el otro está agotado
- Dar espacio cuando es necesario
- Ofrecer ayuda sin que la pidan
- Orar juntos cuando la carga pesa
- Orar juntos en todo momento

El estrés se vuelve más liviano cuando se comparte.
El corazón se fortalece cuando se acompaña.
La relación se profundiza cuando se cuida.

El Dinero: Un Tema Sensible, Pero Necesario

El dinero no define un matrimonio, pero sí puede afectarlo. No por la cantidad, sino por la administración. No por lo que se tiene, sino por cómo se maneja. Aprendimos que hablar de dinero no es falta de fe. Es sabiduría. Es responsabilidad. Es unidad.

. . .

El dinero se convierte en conflicto cuando:

- No se habla
- No se planifica
- No se es transparente
- No se respetan prioridades
- No se establecen límites
- No se trabaja como equipo

Pero cuando se maneja con orden, comunicación y propósito, el dinero deja de ser un enemigo y se convierte en herramienta.

Transparencia Financiera: Un Blindaje Espiritual y Práctico

En nuestro hogar no existen los secretos económicos. No manejamos cuentas separadas ni administramos el dinero como si fuéramos dos individuos independientes.

Todas nuestras finanzas son compartidas: lo que entra, lo que sale y en qué se utiliza. Ambos tenemos acceso, conocimiento y responsabilidad. Y esta decisión ha sido una de las mayores fortalezas de nuestra relación.

Si necesito algo, simplemente le digo: "Voy a comprar esto", y él hace lo mismo conmigo. Cuando se trata de una compra grande, siempre lo conversamos y lo decidimos juntos. No hay compras ocultas. No hay dinero apartado. No hay gastos a espaldas del otro.

Esta práctica ha cultivado confianza, paz y una profunda sensación de equipo. Desde una perspectiva bíblica, esta transparencia refleja el corazón del pacto matrimonial:

"Ya no son dos, sino una sola carne."
Mateo 19:6

La unidad también es financiera. La integridad también es económica.

"La integridad de los rectos los guía."
Proverbios 11:3

La claridad financiera elimina sospechas, evita malentendidos y crea un ambiente donde ambos se sienten seguros y valorados. En un mundo donde muchos matrimonios se fracturan por conflictos económicos, elegir la transparencia es una forma de honrar a Dios, honrarse mutuamente y construir un futuro estable. La unidad financiera no es control; es confianza. No es imposición; es acuerdo. No es vigilancia; es compañerismo.

Responsabilidades: Cuando Uno Da Más Que el Otro

En todo matrimonio hay temporadas donde uno carga más que el otro. Y eso está bien. Es parte del pacto. Hay momentos donde uno está más fuerte, más estable, más disponible. Y momentos donde el otro necesita más apoyo, más paciencia, más comprensión. El problema no es que las cargas sean diferentes. El problema es cuando no se habla, no se reconoce o no se agradece.

La responsabilidad compartida no siempre es 50/50. A veces es 80/20. A veces es 30/70. A veces uno sostiene mientras el otro sana. Y luego los roles se invierten. Eso también es amor.

La Importancia de los Roles Flexibles

Los roles rígidos crean tensión. Los roles flexibles crean armonía. Aprendimos a:

- Ayudarnos mutuamente
- Adaptarnos según la temporada
- Reconocer el esfuerzo del otro
- Ser agradecidos
- No competir
- No llevar contabilidad emocional

El matrimonio no es "yo hago más que tú". Es "lo hacemos juntos".

La Oración Como Herramienta de Organización Emocional

Cuando las responsabilidades se acumulan, la oración trae claridad. Cuando el estrés aumenta, la oración trae paz. Cuando el dinero preocupa, la oración trae dirección. Orar juntos no solo fortalece la fe. Fortalece la unidad. Fortalece la comunicación. Fortalece la visión. Dios no solo restaura corazones. También organiza vidas.

Ser Equipo: La Clave Para un Matrimonio Blindado

Un matrimonio blindado no es un matrimonio perfecto. Es un matrimonio unido. Un matrimonio que se mira y dice:

"No somos dos luchando solos.
Somos un equipo enfrentando la vida juntos."

Cuando una pareja aprende a manejar el estrés, el dinero y las responsabilidades como un solo cuerpo, el matrimonio se vuelve más fuerte, más estable y más resiliente. Porque el amor no solo se demuestra en los momentos románticos. Se demuestra en la vida diaria. En las cargas compartidas. En las decisiones difíciles. En el apoyo constante. En la unidad que permanece.

Capítulo X

Matrimonios en la Era Digital: Conectados al Mundo, Desconectados Entre Sí

La Vulnerabilidad Digital: Una Realidad que No Podemos Ignorar

En mi experiencia aconsejando parejas durante tantos años, he visto un patrón doloroso que se repite una y otra vez: matrimonios que comenzaron a fracturarse por una conversación "inocente" en redes sociales. Personas que jamás pensaron que caerían en una tentación emocional terminaron atrapadas en vínculos digitales que nunca debieron abrirse. He visto fracasos matrimoniales que pudieron evitarse. He visto lágrimas que nunca debieron derramárse. He visto hogares que se desmoronaron por un mensaje, un comentario, un "like" a la persona equivocada.

Y lo más impactante es que **esto no distingue clase social, nivel educativo, posición económica ni trasfondo religioso**.

Todos podemos ser vulnerables si no nos cuidamos. Todos podemos caer si no nos mantenemos en alerta. Todos podemos exponernos sin darnos cuenta. Vivimos en una época donde todo está al alcance de un clic. Conversaciones, entretenimiento, información, redes sociales, mensajes, videos, notificaciones... La tecnología nos conecta con el mundo, pero si no se maneja con sabiduría, puede desconectarnos de lo más importante: **nuestro hogar**.

El matrimonio de hoy no solo enfrenta retos emocionales y espirituales. Enfrenta también **retos digitales**. Retos silenciosos, sutiles, constantes. Retos que entran por la pantalla, pero terminan afectando el corazón.

La tecnología: Una herramienta que puede unir o dividir

La tecnología no es mala. Es neutral. Lo que determina su impacto es el uso que le damos. Puede unir cuando se usa para comunicarse con amor, se envían mensajes de apoyo, se comparte tiempo de calidad, se fortalecen vínculos familiares, se usa para aprender, crecer y edificar.

Pero también puede dividir cuando se convierte en distracción, se emplaza conversaciones reales, se usa para escapar emocionalmente, se convierte en refugio en vez del matrimonio, y cuando se abre puertas a comparaciones, celos o tentaciones.

La tecnología no destruye matrimonios. **La falta de límites sí.**

El peligro de estar presentes físicamente, pero ausentes emocionalmente

Hoy es posible estar en la misma habitación... y no estar juntos. Dos personas pueden compartir un sofá, pero no un momento. Pueden compartir un techo, pero no una conversación. La desconexión emocional no siempre comienza con un conflicto. A veces comienza con un teléfono. Un "solo un momento". Un "déjame terminar esto". Un "ya mismo te escucho". Un "estoy aquí, pero no estoy". La presencia física no reemplaza la presencia emocional.

Redes Sociales: El Espejo Distorsionado que Afecta el Corazón

Las redes sociales pueden ser una bendición, pero también pueden convertirse en un enemigo silencioso del matrimonio. Estas pueden generar comparaciones, inseguridades, celos, distracciones, idealizaciones irreales, conexiones inapropiadas, y conversaciones que cruzan límites. Lo que se ve en redes no siempre es real. Pero el corazón puede creerlo. Por eso, es importante establecer límites claros, sanos y respetuosos.

La Tentación Digital: Accesible, Silenciosa y Peligrosa

La era digital ha hecho que la tentación esté a un clic de distancia.

- Conversaciones privadas.
- Mensajes directos.
- Contenido inapropiado.
- Conexiones emocionales fuera del matrimonio.
- No se necesita una acción física para traicionar.
- A veces, la traición comienza en el corazón.
- En la intención.
- En la curiosidad.
- En el secreto.

La transparencia digital es una forma de protección, no de control.

Crear un hogar donde la tecnología tenga lugar, pero no trono

La tecnología debe ser herramienta, no prioridad. Debe servir al matrimonio, no reemplazarlo. Algunas prácticas que transforman:

- Tiempo sin teléfonos durante las comidas
- Conversaciones sin pantallas
- No llevar el celular a la cama

- Establecer horarios para redes sociales
- Ser transparentes con contraseñas si ambos lo desean
- Priorizar la voz del cónyuge sobre la voz del mundo

La tecnología debe tener límites para que el amor tenga espacio.

Volver a Mirarse a los Ojos

La era digital nos ha enseñado a mirar pantallas. El matrimonio nos invita a mirar corazones. Volver a mirarse a los ojos es: Volver a conectar, volver a escuchar, volver a sentir, volver a elegir, y volver a amar.

La mirada tiene un poder que
ninguna pantalla puede reemplazar.

Dios en la Era Digital

Dios no está limitado por la tecnología. Él sigue hablando en silencio. Sigue guiando en lo íntimo. Sigue restaurando en lo profundo. Cuando Dios es el centro, incluso en la era digital, el matrimonio se mantiene firme.

Él enseña a:

- Priorizar lo eterno sobre lo temporal
- Elegir lo real sobre lo virtual
- Proteger el corazón sobre todas las cosas
- Amar con intención en un mundo distraído

Capítulo XI

Perdón, Reconciliación y Restauración: El Milagro que Sostiene el Matrimonio

En mi libro *Cómo Amarte Sin Perjudicarte* (2023), en el capítulo **"Honrarte es una Bendición, No una Obligación"**, hablo sobre la importancia de amar, respetar y honrar a tu cónyuge. A veces pienso: *Ojalá alguien me hubiera puesto ese libro en las manos antes de casarme.* ¡Mi historia matrimonial hubiera sido muy diferente!

El apóstol Pablo fue contundente cuando instruyó a los hombres a tratar a sus esposas como a un vaso frágil, como coherederas de la gracia de la vida, "para que vuestras oraciones no tengan estorbo." Oh, My Goodness...¡Eso es serio! Eso significa que un hombre puede orar, clamar, ayunar… y aun así tener estorbo en el cielo si no honra a su esposa. ¡Santo! (Isaac, 2023).

Y es que el matrimonio no se sostiene solo con amor. Se sostiene con perdón. Con gracia. Con humildad. Con la capacidad de volver a empezar aun cuando el corazón está cansado. Perdonar no es fácil. Reconciliarse no siempre es inmediato. Restaurarse es un proceso.

Pero cuando Dios entra en la historia, lo que parecía imposible se convierte en testimonio.

El Perdón: La Decisión que Libera el Corazón

El perdón no es un sentimiento. Es una decisión espiritual. Una llave que abre la puerta a la sanidad. Perdonar no significa:

- Olvidar
- Justificar
- Minimizar
- Hacer como si nada pasó

Perdonar significa:

- Soltar la herida
- Renunciar al resentimiento
- Elegir la paz sobre el orgullo
- Permitir que Dios sane lo que uno no puede sanar

El perdón no cambia el pasado, pero transforma el futuro. Perdonar no es debilidad; es valentía espiritual. Requiere más fuerza que guardar rencor. Más madurez que ganar una discusión. Más amor que tener la razón.

En nuestro matrimonio hubo momentos donde el perdón fue la única salida. Momentos donde las palabras hirieron. Momentos donde las expectativas no se cumplieron. Momentos donde el carácter chocó. Pero cada vez que elegimos perdonar, algo se rompía... y algo nuevo nacía. El perdón abre espacio para la reconciliación. La reconciliación abre espacio para la restauración. Y la restauración abre espacio para un amor más profundo.

La Reconciliación: El Puente que Vuelve a Unir lo Que se Quebró

Reconciliarse no es simplemente "hacer las paces". Es reconstruir. Es volver a acercarse. Es volver a mirarse con ternura. Es volver a hablar con honestidad. Es volver a confiar paso a paso.

La reconciliación requiere:

- Conversaciones sinceras
- Escucha profunda
- Humildad para reconocer errores
- Compasión para entender al otro
- Tiempo para sanar
- Intención para reconstruir

La reconciliación no es un evento. Es un proceso. Es un puente que se construye desde ambos lados, con paciencia, con verdad y con amor.

La Restauración: El Milagro que Solo Dios Puede Hacer

La restauración no es obra humana. Es obra divina. Nosotros lo vivimos de manera literal. Aquel día en la iglesia, cuando llegamos heridos, cansados y listos para separarnos, Dios hizo lo que nosotros no podíamos hacer.

No solo nos perdonamos. No solo nos reconciliamos.
Dios nos restauró.

Restauró:

- Nuestro amor
- Nuestro respeto
- Nuestra comunicación
- Nuestra visión
- Nuestro propósito
- Nuestro pacto

Y lo hizo desde adentro hacia afuera. Desde lo profundo hacia lo visible. Desde el corazón hacia la relación. La restauración no es volver a lo que era. Es volver mejores. Más maduros. Más unidos. Más conscientes del valor del otro. Más dependientes de Dios.

El Perdón Como Estilo de Vida

El perdón no es algo que se hace una vez. Es un hábito. Una disciplina del corazón. Una práctica espiritual. Perdonar diariamente:

- Suaviza el carácter
- Protege el amor
- Evita raíces de amargura
- Mantiene la paz
- Fortalece la unidad

El perdón es el aceite que mantiene el matrimonio funcionando. Sin perdón, el matrimonio se traba. Con perdón, el matrimonio fluye.

La Restauración Como Testimonio

Hoy, después de 34 años juntos, podemos decir con certeza: *Dios restauró lo que nosotros no sabíamos cómo reparar.*

Y esa restauración se convirtió en nuestro testimonio. En nuestra fuerza. En nuestra misión. En nuestro legado. Porque un matrimonio restaurado no solo bendice a la pareja. Bendice a los hijos. Bendice a la familia. Bendice a quienes los rodean. Bendice a generaciones. Se convierte en un matrimonio blindado, a prueba de todo. La restauración no es solo para ustedes. Es para todos los que verán lo que Dios hizo.

Capítulo XII

Un Matrimonio que Deja Legado: Más Allá del Tiempo, Más Allá de Nosotros

Todo matrimonio deja una huella. Algunos dejan recuerdos. Otros dejan heridas. Pero los matrimonios que caminan con Dios dejan **legado**. Un legado no es lo que se dice. Es lo que se vive. Es lo que se modela. Es lo que se siembra en silencio. Es lo que permanece cuando las palabras se olvidan. Un matrimonio blindado no solo se sostiene... **trasciende**.

El legado comienza en lo cotidiano

El legado no se construye en los grandes momentos. Se construye en los pequeños. En cómo se hablan. En cómo se perdonan. En cómo se miran. En cómo se apoyan. En cómo se respetan. En cómo se levantan después de caer.

Los hijos no heredan discursos. Heredan ejemplos. Heredan atmósferas. Heredan patrones. Heredan lo que ven, no lo que escuchan. Hemos tratado de construir un hogar donde el amor no se grita, se demuestra. Donde el respeto no se exige, se modela. Donde la fe no es teoría, es vida.

Ese es el verdadero legado.

Romper ciclos para abrir caminos

Nuestra historia, a lo mejor como la suya, comenzó con dolor, con heridas, con un hogar marcado por el alcohol. Pero nuestro matrimonio no repitió ese ciclo. Lo rompió. Lo sanó. Lo transformó.

Y al romperlo, abrimos un camino nuevo para nuestros hijos. Un camino donde:

- La paz reemplaza el caos
- La fe reemplaza el miedo
- La estabilidad reemplaza la incertidumbre
- El amor reemplaza la herida

Ese es el poder de un matrimonio restaurado por Dios. No solo cambia la vida de dos personas. Cambia generaciones.

El legado espiritual: la herencia más valiosa

El legado más grande que un matrimonio puede dejar no es material. Es espiritual. Es enseñar a los hijos que:

- Dios es real
- La oración funciona
- El perdón sana
- La restauración es posible
- El amor verdadero existe
- El matrimonio vale la pena

Ustedes pueden hacer lo mismo si se lo proponen. No solo puedes construir un hogar, sino también un altar, un lugar donde Dios es honrado, buscado y puesto en el centro como la base fundamental para la felicidad. Ese altar será recordado por generaciones.

El impacto silencioso en quienes los rodean

Un matrimonio restaurado se convierte en faro. En inspiración. En testimonio vivo. Personas que nos han visto crecer, madurar, superar, permanecer... han sido tocadas por nuestra historia sin que muchas veces lo sepamos.

Porque un matrimonio que ama con intención y que permanece con propósito siempre impacta más de lo que imagina. Este también puede ser tu matrimonio.

Los hijos: el fruto más hermoso del legado

Nuestros cuatro tesoros no solo son hijos. Son herencia. Son evidencia. Son la prueba viva de lo que Dios hizo en nosotros y aun de lo que continúa haciendo.

Ellos crecieron viendo:

- Amor
- Respeto
- Unidad
- Fe
- Restauración
- Perseverancia
- Fidelidad

Y eso se convierte en la base emocional y espiritual de sus propias vidas. No que no vieron las cosas negativas que también surgen como en todo matrimonio. Sin embargo, son ellos los que pueden hablar de qué tan cierto es el vivir en un hogar funcional, no perfecto. Un hogar donde se ama, se respeta, y se tiene empatía.

El legado más hermoso que un matrimonio puede dejar es un hogar donde los hijos aprendan a amar bien.

Un legado que continúa incluso cuando ya no estemos

El legado no termina con la vida. El legado continúa en:

- Las decisiones de los hijos
- Las familias que ellos formarán
- Las palabras que repetirán
- Los valores que abrazarán

- La fe que heredarán

Un matrimonio blindado no solo vive para sí mismo. Vive para dejar huella. Vive para sembrar. Vive para trascender.

El legado como misión

Después de 34 años juntos, no solo tenemos una historia. Tenemos una misión.

Una misión de:

- Inspirar
- Acompañar
- Enseñar
- Restaurar
- Modelar
- Amar

Porque lo que Dios hizo en nosotros no fue solo para nosotros. Fue para otros. Para quienes necesitan esperanza. Para quienes creen que ya no hay salida. Para quienes están a punto de rendirse.

Nuestro matrimonio es prueba viva de que Dios sí restaura. Sí transforma. Sí, sostiene. Sí, renueva. Sí cumple.

Ese es el legado más grande.

Conclusión

CONCLUSIÓN

A Prueba de Todo: El Amor que Permanece

Cada matrimonio tiene una historia. Algunos comienzan con calma, otros con tormenta. Algunos nacen de planes, otros de sorpresas. Pero todos, absolutamente todos, necesitan algo más grande que ellos mismos para permanecer.

Nuestra historia no ha sido perfecta. Ha sido real. Llena de luchas, aprendizajes, lágrimas, risas, silencios, reconciliaciones y milagros. Y si algo hemos aprendido en estos 34 años es esto:

El matrimonio no se sostiene por emoción. Se sostiene por decisión. Por compromiso. Por gracia. Por perdón. Por Dios.

Porque cuando Dios entra en la historia, el amor se vuelve más fuerte que el pasado, más profundo que las heridas, más firme que las tormentas y más grande que cualquier pronóstico humano.

Nos casamos sin saber lo que nos esperaba. Sin entender lo que significaba amar de verdad. Sin imaginar el proceso que Dios usaría para transformarnos. Pero Él tomó dos vidas imperfectas y las unió con un propósito eterno.

Hoy podemos decir con certeza:

- Que el respeto se aprende
- Que la comunicación se construye
- Que la intimidad se cuida
- Que el perdón se practica
- Que la restauración es posible
- Que el amor madura
- Que el legado se siembra
- Que Dios sí transforma matrimonios

Y que un matrimonio blindado no es un matrimonio sin problemas. Es un matrimonio que decide permanecer aun cuando la vida se pone difícil.

Es un matrimonio que se toma de la mano y dice:

"No somos perfectos, pero somos un equipo. No lo entendemos todo, pero confiamos en Dios. No siempre sentimos lo mismo, pero elegimos amarnos. No caminamos solos, caminamos con Él."

Si este libro llegó a tus manos, no es casualidad. Dios conoce tu historia. Conoce tus luchas. Conoce tus sueños. Conoce tus heridas. Conoce lo que has callado. Conoce lo que anhelas.

Y así como lo hizo con nosotros, Él puede hacerlo contigo.

Puede restaurar lo que se quebró. Puede sanar lo que duele. Puede unir lo que se distanció. Puede encender lo que se apagó. Puede fortalecer lo que se debilitó. Puede renovar lo que parecía perdido.

Porque el amor que viene de Dios no se rinde. No se agota. No se rompe. No se pierde. Permanece.

Y ese es el amor que deseamos para ti. Un amor **a prueba de todo**.

ORACIÓN FINAL

Señor, Haz de Nuestro Matrimonio un Refugio de Amor

Padre amado, gracias por tu fidelidad. Te presentamos cada matrimonio que ha leído estas páginas. Entra a sus hogares con tu paz. Sana lo roto. Restaura lo desgastado. Renueva lo apagado. Fortalece lo débil. Une lo distanciado. Aviva lo frío.

Rompe ciclos del pasado. Haz nuevas todas las cosas.

Que el respeto sea su lenguaje. La comunicación su puente. La intimidad su refugio. El perdón su práctica. La unidad su escudo. El amor su sello.

Bendice sus finanzas, decisiones y prioridades. Protégelos de distracciones y tentaciones. Enséñales a amarse con tu corazón.

Que cada matrimonio deje legado. Que sus hijos hereden fe, paz y amor.

Haz con ellos lo que hiciste con nosotros. Tómalos de la mano. Renuévalos desde adentro. Hazlos uno.

En el nombre poderoso de Jesús, Amén.

ACERCA DEL AUTOR
EDNA L. ISAAC Y FRANCISCO J. ISAAC

Edna L. Isaac y Francisco J. Isaac forman un matrimonio dedicado al servicio, la fe y la transformación de vidas. Ella nació en Aguadilla, Puerto Rico, y emigró a los Estados Unidos a los 16 años; él nació en San Juan, Puerto Rico, y llegó al país a los 17. Sus caminos se cruzaron en New Bedford, Massachusetts, donde contrajeron matrimonio en 1991. Desde entonces, han construido una vida de amor, propósito y liderazgo, junto a sus cuatro hijos: Charaliz, Krystaliz, Angeliz y Nathiel, a quienes consideran su mayor tesoro y legado.

Ambos son cofundadores de **Casa de Adoración (House of Worship)** en Taunton, MA, donde sirven como pastores, guiando a familias y comunidades hacia la restauración espiritual y emocional. También son cofundadores de **JDN Publications**, plataforma desde la cual han impulsado proyectos editoriales, educativos y ministeriales con impacto nacional e internacional. Como misioneros, han viajado a diversos países llevando ayuda humanitaria, materiales escolares, conferencias y un mensaje de esperanza.

Edna es autora, editora, educadora, consejera y oradora internacional, con más de catorce libros publicados y una trayectoria marcada por su pasión por sanar, enseñar y empoderar. Es CEO y Presidenta de **JDN Corporation** y **EDUCATE Publishing**, y fundadora de iniciativas como Entre Amigas Internacional, Radio WHUC 95.6 FM (en desarrollo), Association of Christian Churches and Ministries Inc., y JDN Global Leadership Network. Su labor profesional y espiritual se ha extendido a instituciones académicas, organizaciones comunitarias y espacios de formación teológica.

Francisco, por su parte, es un líder pastoral sólido, sensible y comprometido con la restauración de familias y el fortalecimiento del carácter espiritual. Su experiencia ministerial, su corazón misionero y su capacidad para acompañar procesos de transformación lo han convertido en una figura respetada dentro y fuera de su comunidad. Su liderazgo junto a Edna ha sido clave para el desarrollo de proyectos que unen fe, educación, servicio y visión global.

Actualmente, ambos residen en Taunton, Massachusetts, desde donde continúan formando líderes, desarrollando recursos, impartiendo talleres y sirviendo a comunidades locales e internacionales con un mensaje de identidad, esperanza y renovación.

Bibliografía

Biblia Reina-Valera 1960. (1960). *Sociedades Bíblicas Unidas.*

Divorce and Money. (2022, December 29). *Financial problems are a leading cause of divorce.* https://www.divorceandmoney.com

Isaac, E. L. (2023). *Cómo amarte sin perjudicarte.* JDN Publications. (Taunton, MA)

Real Academia Española. (2024). *Blindar.* En *Diccionario de la lengua española* (23.ª ed.). https://dle.rae.es/blindar

Unbiased. (2024, November 27). *Money and divorce statistics.* https://www.unbiased.com

9 781938 432668